CARL AUER

Bert Hellinger

Verdichtetes

Sinnsprüche
Kleine Geschichten
Sätze der Kraft

Über alle Rechte der deutschen Ausgabe verfügen Carl-Auer-Systeme
Verlag und Verlagsbuchhandlung GmbH; Heidelberg
Fotomechanische Wiedergabe nur mit Genehmigung des Verlages
DTP-Management: Peter W. Gester
Satz: Beate Ch. Ulrich
Umschlagidee: Dr. Norbert Linz
Umschlagentwurf: WSP Design, Heidelberg
Printed in Germany 1995
Gesamtherstellung: Druckerei Kösel, Kempten

Erste Auflage, 1995

Die Deutsche Bibliothek- CIP Einheitsaufnahme

Hellinger, Bert.:
Verdichtetes : Sinnsprüche, Kleine Geschichten, Sätze der Kraft
/ Bert Hellinger. - 1. Aufl. - Heidelberg : Carl-Auer-Systeme,
Verl. und Verl. -Buchh., 1995
ISBN 3-927809-56-X

Für Herta

Inhalt

Zu diesem Buch 10
Dank 12

Sinnsprüche
und
Kleine Geschichten

Wahrnehmen, was ist

Vorbetrachtung 19
Schauen 20
   Die Verblendung 21
Denken 22
   Die Neugier 23
Wissen 24
Meinen 25
   Die Folgen 26
   Der Traum 26
   Himmel und Erde 26
Handeln 28
   Die Kraft 29
   Der Zauderer 29
Innehalten 30
   Die Erkenntnis 31
   Die Wut 31
   Die Wahl 31

Lassen	32
Die Räumung	33
Fülle reißt vom Kleinen los	34
Die Enge	35
Weisheit	36

Die größere Kraft

Vorbetrachtung	39
Das Verborgene	40
Die Leere	41
Der Eifer	42
Die Erwartung	43
Das Feuer	43
Die Erde	44
Das Bessere	45
Entäußerung	46
Die Abhängigkeit	47

Gut und Böse

Vorbetrachtung	51
Moral	53
Entrüstung	54
Die Rache	55
Das Schneiderlein	55
Schuld	56
Der Bann	57
Der Wunsch	57

Das Gewissen 58
    Die Freiheit 59
    Die Erinnerung 59
    Das Wagnis 59
Unschuld 60
    Der Ausgleich 61

Mann und Frau

Liebe 65
Ordnung 66
    Der Hase und der Igel 67
    Dornröschen 67
    Der Wolf und die sieben Geißlein 67
    Der Prinz 68
    Der Mut 68

Helfen und Heilen

Vorsicht 71
Vertrauen 72
    Die Dauer 73
    Die Wärme 73
    Die Hilfe 74

Leben und Tod

Ende 79
Erfüllung 80
    Der Sinn 81

Schlußspruch

Das Gleiche 85

Sätze der Kraft

Vorbetrachtung
    Ordnung und Liebe 89
Dank am Morgen des Lebens 90
Ehren und Lieben 92
    Mann und Frau 92
    Eltern und Kinder 93
    Kinder und Eltern 94
    Geschwister 96
Geben und Nehmen 97
Bleiben 98
Lösen 100
Abschied und Frieden 101
Nachbetrachtung
    Ordnung und Fülle 103

Schlußgeschichte

Das Verdichtete 107

Zu diesem Buch

Liebe Leser,

die hier gesammelten Sprüche und kleinen Geschichten haben einen „Sitz im Leben". Das heißt,
sie sind während der therapeutischen Arbeit im
Ringen um eine Lösung entstanden oder es blitzte
in Gesprächen mit Freunden plötzlich ein bisher
verborgener Zusammenhang auf. Ihr besonderer
Anlaß scheint manchmal noch durch und ist mit
zu bedenken, will man ihren Sinn und die Absicht dahinter erfassen. Doch sie reichen auch darüber hinaus, und man könnte sie verkennen,
wollte man sie auf ihren Anlaß beschränken.

Manche dieser Sprüche und Geschichten verwir-
ren uns vielleicht zuerst, weil sie gewohnter Kon-
sequenz und Logik widersprechen. Doch dann,
wenn wir sie auf uns wirken lassen, erahnen wir
in ihnen grenzüberschreitend einen Sinn, der
weder durch Erklärung deutlich, noch durch
Widerspruch erschüttert werden kann: und so
halten sie gefangen.

Ergänzend bringt dieses Buch eine Sammlung von
Sätzen der Kraft. Sie wurden beim Familien-Stel-
len in der Psychotherapie verschiedenen Klienten
vorgesprochen und dann von diesen den Stellver-
tretern der Eltern oder anderer Familienangehöri-
gen mit gesammelter Liebe gesagt. In diesen Sätzen verdichtet sich das heilende Sagen und Tun.
Sie bringen eine Lösung in Gang, wenn jemand
in ein fremdes Schicksal verstrickt war oder in
persönliche Schuld. Sie anerkennen, was wir von
anderen Menschen genommen oder ihnen ange-
tan haben. Sie ermöglichen Abschied und machen für Kommendes frei. Der ursprüngliche
Anlaß trägt zu ihrem Verständnis wesentlich bei
und wird daher vor jedem Satz einleitend genannt.

Dies ist ein besinnliches Buch. Oft genügt es, nur
wenige Sätze zu lesen. Auch kann man an jeder
beliebigen Stelle beginnen.

Ich wünsche Ihnen beim Lesen Geduld, denn oft
kommt die versöhnende Einsicht, die auch das
Gegensätzliche eint, erst mit der Zeit. Doch
kommt mit ihr dann als ihre Frucht auch heilen-
des und verbindendes Wissen, Sagen und Tun.

Ihr
Bert Hellinger

Dank

Meinem Freund Dr. Norbert Linz hatte ich öfters aus meinen Sinnsprüchen und Geschichten vorgelesen, und er hat mich gedrängt und überredet, sie als Buch zu veröffentlichen. Darüber hinaus half er mir bei der Auswahl der Texte und ihrer sprachlichen Fassung. Viele Geschichten und Sätze wurden so unser gemeinsames Werk.

Andere Freunde, Dr. Otto Brink, Dr. Robert Langlotz, Jakob und Sieglinde Schneider und Dr. Gunthard Weber haben Korrektur gelesen und wichtige Änderungsvorschläge gemacht.

Ihnen allen gilt mein herzlicher Dank.

Sinnsprüche
und
Kleine Geschichten

Wahrnehmen, was ist

Vorbetrachtung

Wer einen feinen Gegenstand begreifen will, der nimmt ihn zwischen Daumen und den Zeigefinger. Die beiden Finger stehen sich entgegen, und so „begreifen" sie, was zwischen ihnen liegt und sich doch ganz und gar von ihnen unterscheidet. Uns geht es manchmal ähnlich mit den Worten und dem Sinn.

Oft müssen wir daher in wesentlichen Fragen gleichzeitig mehrerer Ansicht sein. Denn Fülle schließt die Widersprüche ein, nicht aus, und auch das Gegenteil erscheint uns dann nur als ein Teil von vielen, der anderes ergänzt, doch nicht ersetzt.

Schauen

Trübes Licht kann helles Glas nicht trüben,
wohl aber trübt das trübe Glas das helle Licht.

Einsicht wird gewonnen durch Einklang.

Hoffnung trübt den Blick.

Die Skepsis wirkt wie der Glaube:
beide sind Ersatz für das Schauen.

Die Gewohnheit steht dem Schauen
des Neuen entgegen,
das für den, der es wagt,
die Verstrickung in Früheres aufhebt
und von ihren Folgen erlöst.

Was wirklich ist, ist unbeschreiblich,
doch wer es sieht, der weiß Bescheid.

Erleben heißt: wahrnehmen, was ist.

Man tritt in die Sonne, und schon ist es hell.

Erleuchtung wirkt, wie wenn sich viele
nach einer lichten Mitte hin verneigen.

Im Eimer Wasser ahnen wir,
doch ohne es zu fassen,
das Meer.

Schönheit braucht Andacht.

Der Bereitschaft zum Schauen steht oft im Weg, daß wir, was für uns schlimm ist, als verpflichtend erfahren und erleben wie Unschuld; und daß wir das Schauen, das uns die Lösungen zeigt, wie Verrat an einer Ordnung erfahren und erleben wie Schuld.

Die Verblendung

Ein Zirkus erwarb einen Eisbären. Doch da sie ihn nur zum Ausstellen brauchten, wurde er in einen Wagen gesperrt. Der war so eng, daß er sich darin nicht einmal umdrehen konnte – und so ging er immer nur zwei Schritte vor und zwei zurück.

Nach vielen Jahren hatten sie Mitleid mit dem Eisbären und verkauften ihn an einen Zoo. Dort hatte er ein weites Gehege zum Auslauf. Doch auch hier ging er immer nur zwei Schritte vor und zwei zurück. Als ihn deshalb ein anderer Eisbär fragte: „Warum tust du das?" gab er zur Antwort: „Weil ich so lang in einem engen Wagen eingesperrt war".

So wird das vergangene Schlimme durch die Gewohnheit zur Ordnung und verstellt als das innere Bild einer vergangenen äußeren Grenze den Blick auf das gegenwärtige Weite. Dann wirkt die Gewohnheit wie das Gewissen, denn auch im Gewissen wird das Schauen ersetzt durch ein inneres Bild und, was schon vorbei ist, wirkt, als sei es noch da.

Denken

Die Intuition ist immer plötzlich,
nur das Denken braucht lange.

Was denkbar ist, ist meistens falsch.

Ein Begriff verhält sich zur Sache,
wie die Tangente zur Kugel.
Sie kann die Kugel berühren,
nicht aber umfassen.
Doch ein Wort wie „die Erde" wiegt schwer.

Ordnung ist ein Fluß, der fließt.

Wachstum weicht ein bißchen ab.

Die Theorie zeigt bestenfalls die Richtung,
doch ist sie weder Weg noch Ziel.

Die Praxis stört die Theorie.

Das Wesentliche ist leicht;
so ist das Wahre.

An der Grenze kommt man zur Einsicht.

Entscheidungen sind vorläufig.

Der Augenblick ist meine Grenze.

Auf dem direkten Weg
braucht man manchmal länger.

Oft entsteht das innere Bild nur durch das Hörensagen und schafft eine Ordnung, die allein in der Vorstellung gründet. Dann wird das Schauen ersetzt durch das Hören, das Wissen durch Glauben und die Wahrheit durch Willkür.

Die Neugier

Ein Mann fragte einen Freund: Verstehst du etwas von Besessenheit?

„Ja," sagte der Freund, „vielleicht. Doch um was geht es wirklich?"

„Ich war mit meiner Frau bei einer Wahrsagerin, und die hat ihr gesagt, sie sei vom Teufel besessen. Was soll ich nun machen?"

Der Freund gab ihm zur Antwort: „Wer zu so jemandem geht, dem geschieht es recht; denn jetzt bist du wirklich besessen, aber von einem inneren Bild, und du wirst so schnell es nicht mehr los.

Hast du schon einmal von Hernando Cortez gehört? Der hat mit ein paar hundert Soldaten das Riesenreich der Azteken erobert. Weißt du wieso er das konnte? Er wußte nicht, was die anderen dachten.

Wissen

Erleuchtung ist Wissen um Ordnung.

Glaube verlangt zu leugnen, was wir wissen
– und was wir nicht wissen.

„Große" Ideen kann man nur mit geschlossenen
Augen haben.

Die reine Wahrheit ist gelogen.

Der Weise hält es mit der reinen Wahrheit
wie die Kuh mit einem Stachelzaun:
solange es zu fressen gibt, hält sie sich fern,
dann sucht sie eine Lücke.

Ordnung überwältigt.

Beim Richtigen ist das Finden schwer
und das Verstehen leicht.

Die Vorbereitung auf das Finden ist häufig ein
Verzicht.

Selbstbewußtsein ist Wissen um den eigenen Weg.

Was richtig ist, braucht niemand zu verteidigen,
und was es nicht ist, auch nicht.

Anhänger machen unfrei.

Meinen

Ich werde vorsichtig, wenn du mir zustimmst,
denn dann hast du vielleicht nur eine Meinung.
Hättest du wahrgenommen, wäre deine Wahr-
nehmung von der meinen verschieden.

Wer eine Meinung läßt, gewinnt;
wer eine Einsicht läßt, verliert.

Der falsche Eindruck wirkt in dem, der ihn hat.

Jeder ist sein eigener Esel.

Argumentieren heißt:
über einer Goldader im Sandkasten spielen.

Manchmal wirkt ein Kommentar
wie eine Kanne Wasser auf den Tropfen Wein.

Erklärung ersetzt das Verständnis;
wer verstanden hat, der kann beschreiben.

Verwirrung ist verwandt mit Fülle;
nur das Kleine ist klar.

Das Leben fließt am Streit der Experten vorbei.

Beim Richtigen gibt es keine Wahl.

Die Ordnung läßt sich nicht manipulieren.

Die Folgen

Jemand zeigte einem Freund eine neue, hohe Mauer und sagte: "Schau, die habe ich selbst gebaut"!
Der andere stimmte zu: "Ja, sie ist wirklich ganz und gar dein Werk. Doch wenn du jetzt gegen sie anrennst, bleibt sie stehen".

Der Traum

Jemand erwacht aus einem Traum, und weil er ahnt, daß er bedeutsam ist, will er ihn niederschreiben.
Da wird ihm klar: Wenn er den Traum erinnern oder deuten will, verliert er seine Kraft.

Himmel und Erde

Nicht weit von Köln, irgendwo im Bergischen Land, lebten zwei eigenbrötlerische Bauern, jeder allein auf seinem Hof, und obwohl sie Nachbarn waren, wollte keiner etwas von dem anderen wissen. Sie wahrten peinlich genau ihre Grenzen und niemals hätten sie zugestimmt, daß der eine das Gebiet des anderen betrat.
Der eine von den beiden baute nur Kartoffeln an, denn, so sagte er, im dunklen Schoß der Erde gedeiht die nährende Frucht. Der andere dagegen pflanzte nur Apfelbäume, denn, so sagte er, vom Himmel muß der Segen kommen, nur von oben fällt die köstliche Frucht. So nutzten sie ihr Land auf verschiedene Weise, jeder in

der Überzeugung, das einzig Richtige zu tun. Entsprechend ihrem Anbau war auch ihre Ernährung.

Nach vielen Jahren wurden sie, ohne daß der eine vom anderen wußte, zur gleichen Hochzeit geladen, und jeder brachte von dem, was er hatte, der eine Kartoffeln, der andere Äpfel. Dem jungen Paar kam die Gabe gelegen, und so gab es zum Hochzeitsmahl zuerst das eine und dann das andere, alles fein gekocht und zubereitet, die Kartoffeln gesalzen und die Äpfel gesüßt.
Doch etwas schien nicht zu stimmen, denn die Gäste machten lange Gesichter. Es wurde so unruhig im Saal, daß die Braut es nicht mehr länger aushielt. Sie sprang auf und sagte: „Wartet noch ein bißchen, dann bringe ich euch etwas Besseres".
Sie nahm die Kartoffeln und die Äpfel wieder vom Tisch, brachte sie in die Küche, warf das Ganze zusammen in einen Topf, kochte es nochmals auf, würzte etwas nach und präsentierte der Gesellschaft das neues Gericht.

Zwar dauerte es eine Weile, bis die Gäste sich trauten zuzugreifen. Doch groß war das Erstaunen, als sie merkten, wie gut es ihnen schmeckte. Seitdem ißt man im Rheinland Kartoffeln und Äpfel gemischt, und dieses Gericht aus oben und unten heißt „Himmel und Erde".

Die beiden Eigenbrötler aber blieben bei ihrer Gewohnheit.

Handeln

Trockenübungen sind für die Einsicht zu wenig;
nur wer eintaucht, weiß, was gefährdet und trägt.

Musik, die uns gefällt, können wir deswegen nicht
auch schon spielen.

Indem ich handle, wird mir geschenkt.

Was sich vor der Neugier verbirgt,
wird faßbar im Handeln.

Was wahr ist, muß sich bewähren.

Mit Schwierigkeiten geht man um
wie Kinder mit tiefem Wasser:
sie lernen schwimmen.

Manche behandeln ein Problem, als sei es die
Ursache für seine Lösung.

Je weiter man etwas wegschiebt,
desto größer wird es.

Wer Ursachen sucht,
sucht oft Entschuldigungen.

Das Problem ist ernst, die Lösung heiter.

Der Hecht fängt nicht den ganzen Schwarm,
sondern nur den einzelnen Fisch.

Die Kraft

Eine Elitetruppe der amerikanischen Polizei nahm nur die Allerbesten als Mitglieder auf, insgesamt jedoch nicht mehr als neunundneunzig. Sie traten immer nur alleine auf. Als es nun eine Meuterei in einem Gefängnis gab, ist einer hingegangen und hat sie ganz allein beendet. Daraufhin haben ihn einige gefragt: „Wie hast du das gemacht?" „Ganz einfach", sagte er, „ich war im Recht."

Der Zauberer

Ein Gefangener bricht aus, wird verfolgt, kommt an einen Fluß und muß ihn überqueren. Er zieht die Schuhe aus, prüft das Wasser mit der nackten Zehe und sagt: „Das ist mir zu kalt".
Da holen ihn seine Verfolger ein, und er wird erschossen.

Innehalten

Mancher rennt dem Glück hinterher,
weil er nicht merkt,
daß das Glück hinter ihm her ist,
ihn aber nicht erreicht, weil er so rennt.

Mit Scheuklappen läuft man schneller.

Wer mit den Hühnern schlafen geht,
sieht nie die Sterne.

Weisheit wacht.

Man kann statt eines Kreuzes
auch ein Hohlkreuz tragen.

Wenn die Entscheidung reif wäre, wüßtest du sie.

Die falsche Fährte ist endlos.

Wahrheit wird gehütet.

Wer fragt, hat deshalb noch kein Recht auf eine
Antwort.

Das Richtige braucht keine Erklärung.

Die Antwort keinem, der lauert.

Was wir in die Hand nehmen, wird klein.

Die Erkenntnis

Ein Mann zog in den Krieg, und als Waffe trug er ein Maschinengewehr. Als seine Truppe angegriffen wurde, und er auf die Feinde feuern wollte, stockte sein Gewehr. Obwohl er verzweifelt am Drücker blieb, löste sich kein einziger Schuß. Dann, als sein Feind so nah herangekommen war, daß er schon das Weiße seines Auges sehen konnte, erkannte er in ihm den Freund.

Die Wut

Ein gewisser Ludwig van B. schrieb aus Wut über einen verlorenen Groschen ein Klavierstück gleichen Namens. Doch die ganze Zeit lag der verlorene Groschen unter seinem Klavier.

Die Wahl

Jemand drängt sich durch die hellen, festlich geschmückten Straßen der Vorweihnachtszeit, und sein Blick wird angezogen von einem Laden, über dem die Inschrift leuchtet: Delikatessen aus aller Welt.
Er bleibt stehen, schaut auf die Köstlichkeiten, die da schmackhaft vor ihm ausgebreitet liegen, und das Wasser läuft ihm im Munde zusammen.
Dann schnalzt er mit der Zunge und sagt: „Jetzt hätte ich so richtig Lust – auf ein Stück trockenes Brot".

Lassen

Erfahrung wirkt, wenn man sie hinter sich läßt.

Man nimmt, was ist, vorübergehend.

Was man festhält, flieht.

Der Narziß schaut statt aus dem Fenster
in den Spiegel.

Die Einsicht weiß ihre Grenzen,
und die Demut stimmt ihnen zu.

Demut ist aufrichtig.

Lassen heißt: gewandelt gehen.

Das Eichhörnchen sammelt so viel,
weil es vergißt.

Das Optimum ist etwas weniger.

Vollständigkeit muß sich in Grenzen halten.

Der Preis der Schönheit ist ein Fleck.

Der Schüler will etwas haben,
bevor er es sein kann.

Wer später drauf kommt, der hat mehr gelernt.

Die Räumung

Jemand wohnt in einem kleinen Haus, und im Lauf der Jahre sammelt sich in seinen Kammern viel Gerümpel an. Viele Gäste brachten ihre Sachen mit, und wenn sie weiterzogen, ließen sie so manchen Koffer da. Es ist, als seien sie noch hier, obwohl sie längst schon fortgegangen für immer.

Auch was der Eigentümer selber angesammelt hat, bleibt in dem Haus. Nichts soll vorbei sein und verloren. Auch an zerbrochenen Dingen hängt Erinnerung, und daher bleiben sie und nehmen Besserem den Raum.

Erst als der Hausherr fast erstickt, beginnt er aufzuräumen. Er fängt mit seinen Büchern an. Will er die alten Bilder immer noch betrachten und fremde Lehren und Geschichten immer noch verstehen? Was längst erledigt ist, schafft er aus seinem Haus, und in den Kammern wird es licht und hell.

Dann öffnet er die fremden Koffer und schaut, ob sich noch etwas findet, was er gebrauchen kann. Dabei entdeckt er einige Kostbarkeiten und legt sie auf die Seite. Den Rest schafft er nach draußen.

Er wirft das alte Zeug in eine tiefe Grube, deckt sie fein säuberlich mit Erde zu und sät dann Gras darüber.

Fülle reißt vom Kleinen los

Wer nach dem Haar sucht,
dem entgeht die Suppe.

Manche blinzeln statt in die Sonne
in den Schatten.

Oft bricht, wer einen Einwand macht,
aus einer Kathedrale einen Stein
und findet ihn dann nicht besonders.

Nur das Kleine ist kariert.

Festhalten an Enge
ist Verweigerung von Entwicklung.

Ein Einwand wirkt wie die Sense auf das Gras:
es fällt, bevor es aussamt.

Auffallen heißt: Beachtet werden durch Schein.

Wer dem ersten Einwand widersteht,
braucht sich dem zweiten nicht zu beugen.

Nur das Viele ist maßlos: Fülle hat Maß.

Fülle wehrt sich gegen nichts.

Angst heißt:
ich halte das Kleine statt des Größeren fest.

Die Enge

An einem warmen Sommertag kommt jemand an einen stillen See. Er besteigt ein Boot, rudert hinaus, blickt um sich und erahnt die Fülle. Dann zieht er einen Fingerhut aus seiner Tasche, schöpft von dem Wasser des Sees, nimmt eine Lupe und betrachtet es genau. So vergeht die Zeit.
Statt dessen hätte er ins Wasser tauchen können und sich von ihm treiben lassen.

Was Lassen heißt, erfaßt, wer sich auf die Erfahrung einläßt, und es verschließt sich dem, der nur von außen dazu Stellung nimmt.

Denn wer am Ufer eines Flusses steht und ihn nur von dort betrachtet, an dem rauscht er vorbei. Dabei macht es wenig Unterschied, ob er am rechten oder linken Ufer steht: vom Fluß und seiner Kraft weiß er wenig oder nichts.

Weisheit

Der Weise stimmt der Welt zu, so wie sie ist,
ohne Angst und ohne Absicht.

Er ist versöhnt mit der Vergänglichkeit und strebt
nicht über das hinaus, was mit dem Tod vergeht.

Er behält den Überblick, weil er im Einklang ist,
und greift nur ein, soweit der Fluß des Lebens es
verlangt.

Er kann unterscheiden: geht es oder geht es nicht,
weil er ohne Absicht ist.

Die Weisheit ist die Frucht von langer Disziplin
und Übung, doch wer sie hat, der hat sie ohne
Mühe.

Sie ist immer auf dem Weg und kommt ans Ziel,
nicht weil sie sucht. Sie wächst.

Die größere Kraft

Vorbetrachtung

Die reine Wahrheit scheint uns hell,
doch wie der volle Mond
verbirgt sie eine dunkle Seite.
Sie blendet, weil sie leuchtet.

Je voller wir daher ihre uns zugewandte
Seite
zu fassen oder durchzusetzen suchen,
desto fassungsloser
entzieht sich ihre abgewandte
heimlich dem Begriff.

Das Verborgene

Manchmal gilt als Religion, wenn sich ein ängst-
lich Herz einen Gott nach seinem Bild erbaut,
damit er's nicht erschlägt.
Oder:
Religion ist eine Woge, die uns aufhebt
und an ferne Ufer wirft:
gegen diese Strömung gibt es kein Zurück.

Die Mythen gaukeln Helle vor, wo Dunkel
lastet, und Finsternis, wo alles offen ist für den,
der schaut.

Bilder, die wirken, sind dunkel.

Die hellen Bilder oder Mythen sind
Teil der Finsternis des Geistes,
die der Held auf seinem Wege überwindet,
damit er nicht den Kopf verliert.

Große Geheimnisse muß man nicht hüten:
sie bewahren sich selbst.

Die Theologie versucht, das Geheimnis
zu lüften, und macht es zur Sache:
so verfährt manchmal
die Wissenschaft mit der Natur
und die Psychologie mit der Seele.

Das gelüftete Geheimnis rächt sich.

Manchmal ist das letzte Wort Schweigen.

Die Leere

Schüler verließen einen Meister,
und als sie heimwärts zogen,
fragten sie ernüchtert:
„Was hatten wir bei ihm zu suchen?"

Dann bemerkte einer:
„Wir stiegen blind in einen Wagen,
den ein blinder Kutscher
mit blinden Pferden
blindlings vorwärts trieb.
Doch würden wir wie Blinde,
selber tastend gehen,
tasten wir vielleicht,
wenn wir am Rand des Abgrunds stehen,
mit unserem Stock
das Nicht."

Der Eifer

Der Glaube, der eine Gruppe verbindet,
hindert sie, andere Gruppen zu lieben.

Die Glaubensfreiheit befreit mich vom Glauben
der andern, so wie mich die Gewissensfreiheit vom
Gewissen der andern befreit.

Wer Jahwe anhängt, eifert.

Wer Ewiges will, will Schlimmes.

Viele Fromme sagen:
Du sollst keinen fremden Gott neben mir haben.

Mancher Eiferer gleicht einem Skarabäus,
der meint,
mit seinen Hinterfüßchen drehe er die Welt.

Was man erkämpft, bleibt nicht,
was man bekämpft, wird man nicht los.

Der Gott, den wir uns machen, lügt uns an.

Religion ist für manche eine Weise des Machens,
der die Entäußerung der Andacht fehlt.

Andacht ist ohne Absicht.

Wenn du es weißt, können wir genausogut
darüber schweigen.

Das Glück findet, wer sich neigt.

Die Erwartung

Ein Motorradfahrer, stolzer Besitzer einer schweren Maschine, hält während einer Fahrt an einem Parkplatz und entdeckt am Auspuff einen Fleck. Er nimmt einen Lappen und wischt ihn liebevoll weg.
Einer, der dabeisteht, sagt: „Wenn du sie sorgsam pflegst, wird sie dich segnen".

Das Feuer

Von Prometheus wird erzählt, er habe von den Göttern für die Menschen das Feuer gestohlen. Die Götter ließen ihn gewähren, doch anschließend fand er sich an einen Felsen geschmiedet.
Was er nicht wußte, war: die Götter hätten es den Menschen von sich aus gegeben.

Die Erde

Nicht der Himmel, die Erde ist das Maß.

Wo der Himmel uns entzweit, trägt uns die Erde.

Auch wenn die Welt für viele im Gegensatz
zu Gott und Himmel steht,
dient ihre Frömmigkeit oft inniger als andere
der Liebe.

Der Blick zum Himmel geht ins Leere.

Religion ist liebende Teilhabe
am immer größeren Ganzen.

Phänomenologie ist Gottesschau.

Schönheit ist am Sein ein Unbegreifliches,
das wirkt.

Ruhe heißt:
pulsieren mit der Erde.

Sammlung gibt es nur in Grenzen.

Der Regen, der vom Himmel fällt,
sucht sich viele Bäche auf dem Weg zum Meer.

Ich sehe deinen Stern und folge meinem.

Das Bessere

Ein junger Mann aus reichem Hause zog in ein fernes Land. Dort verspielte er sein Erbteil. Und als er alles verloren hatte, ging er zu einem Bauern und verdingte sich als Knecht.

Sein Bruder machte es genauso. Und als auch er sein Erbe durchgebracht hatte, kam er zum gleichen Bauern.

Nun gingen sie beide in sich, und der eine sagte: „Wenn ich an zu Hause denke, wie gut es das Gesinde unseres Vaters hat, dann zieht es mich zu ihm zurück. Ich werde meinem Vater sagen: „Ich habe alles falsch gemacht. Bitte, nimm mich wieder auf und halte mich wie einen deiner Knechte.".

Sein Bruder sagte: „Ich mach' es anders. Ich suche mir schon morgen eine bessere Arbeit, spare mir ein kleines Vermögen, heirate eine Tochter dieses Landes und lebe hier wie die anderen auch".

Entäußerung

Was man früher Hingabe und Anbetung nannte,
ist äußerste Entäußerung,
die alles nimmt und alles gibt – mit Liebe.

Fehlende Eltern fördern die Mystik.

Asketen fehlt die Mutter,
Süchtigen der Vater.

Man kann Jesus keinen Vorwurf machen,
daß ihn der reiche Jüngling traurig verließ.

Stille kommt aus dem gesammelten Sich-Fügen
in das, was trägt.

Berufung heißt:
eine Kraft nimmt uns in ihren Dienst,
und wer sich weigern wollte, kümmert.

Gott, so klagen wir,
hat sich aus der Welt zurückgezogen.
Er ist auch aus der Bibel ausgezogen.

Zum Gott, der sich zurückgezogen hat,
dürfen wir nicht beten.

Das Letzte ist Anfang,
und der Anfang ist jetzt.

Die Abhängigkeit

Ein Mann erwarb ein Schaf, und damit wurde er zum Hirten.

Wann immer er etwas zu seinem Schafe sagte, antwortete es zustimmend mit Mäh. Und der Hirte war glücklich.

Als das Schaf in die Jahre kam und der Hirte ihm wieder etwas sagen wollte, rannte es wütend gegen ihn an. Da dachte der Hirte: so innig verbunden mit meinem Schaf war ich noch nie.

Später, als das Schaf noch älter geworden war, ging es einfach weg.

Da wurde der Hirte traurig, denn jetzt war er nur noch ein gewöhnlicher Mann.

Gut und Böse

Vorbetrachtung

Wenn sich jemand über etwas Schlimmes entrüstet, dann scheint er auf der Seite des Guten zu stehen und gegen das Böse, auf der Seite des Rechts und gegen das Unrecht. Er tritt zwischen die Täter und Opfer, um weiterem Schlimmen zu wehren. Doch er könnte auch mit Liebe zwischen sie treten, und das sicherlich besser. Was also will der Entrüstete? Und was macht er wirklich?

Der Entrüstete verhält sich, als sei er ein Opfer, ohne es selber zu sein. Er nimmt für sich das Recht in Anspruch, von den Tätern Genugtuung zu fordern, ohne daß ihm selber ein Unrecht geschah. Er macht sich zum Anwalt der Opfer, als hätten sie ihm das Recht übertragen, sie zu vertreten, und läßt sie dann rechtlos zurück.

Doch was macht der Entrüstete mit diesem Anspruch? Er nimmt sich die Freiheit, den Tätern Böses zu tun ohne die Furcht vor schlimmen persönlichen Folgen; denn da sein böses Tun im Licht des Guten erscheint, braucht er keine Strafe zu fürchten.

Damit die Entrüstung gerechtfertigt bleibt, dramatisiert der Entrüstete sowohl das erlittene Unrecht als auch die Folgen der Schuld. Er schüchtert die Opfer ein, das Unrecht im gleichen schlimmen Licht zu sehen wie er. Sonst machen auch sie sich in seinen Augen verdächtig und müssen fürchten, selber Opfer seiner Entrüstung zu werden so als wären sie Täter.

Im Angesicht eines Entrüsteten können die Opfer ihr Leid und die Täter die Folgen der Schuld nur schwer hinter sich lassen. Bliebe es den Opfern und Tätern selbst überlassen, den Ausgleich und die Versöhnung zu suchen, könnten sie sich gegenseitig einen neuen Anfang gestatten. Doch vor Entrüsteten gelingt das nur schwer, denn Entrüstete sind in der Regel nicht eher befriedigt, bis sie die Täter vernichtet und gedemütigt haben, selbst wenn es die Leiden der Opfer verschlimmert.

Die Entrüstung ist in erster Linie moralisch. Das heißt, es geht hier nicht um Hilfe für jemanden, sondern um Durchsetzung eines Anspruchs, als dessen Vollstrecker sich der Entrüstete darstellt und fühlt. Daher kennt er im Gegensatz zu jemandem, der liebt, auch kein Mitleid und kein Maß.

Moral

Ein Moralist ist einer, der sein kleines Maß
an die große Welt anlegt.

Für den Moralisten heißt gut:
ich habe mehr Rechte als du;
und böse: du hast weniger Rechte als ich.

Was wir als gut bezeichnen,
ist oft nur das Bequeme.

Ein Messerwerfer ist noch lange kein Chirurg.

Wer bessern will, wird schlimmer.

Das Schlimme läßt uns erst,
wenn wir es gelassen entlassen.

Bessere sind einsam.

Man kann nur gegen etwas sein,
das man aus eigenem Begehren kennt.

Was wir gründlich beschimpft haben,
darf zum Lohn dafür bleiben.

Wenn sie etwas kosten,
erweisen sich viele Grundsätze als billig.

Den erhobenen Zeigefinger kann man auch
krümmen.

Wer verurteilt, nimmt teil.

Entrüstung

Der Stier wird durch sein rotes Tuch blind.

Der Wolf im Schafspelz ist ein Unschuldswolf.

Wo es einen Unschuldigen gibt,
gibt es mehr Böse als zuvor.

Entrüstete entmündigen Opfer und Täter,
als hätten sie dazu ein Recht.

Wer sich im Recht fühlt, ist schon daneben.

Der reine Tor ist gegen nichts.

Wenn die Opfer zu Entrüsteten werden,
ist ihre Wandlung verzögert oder verspielt.

Entrüstung hat noch keinen rein gemacht.

Ablehnung macht ähnlich.

Triumph ist für das Glück zu wenig.

Nur was wir lieben läßt uns frei.

Ein Licht, damit es wärmt und scheint,
muß nicht das ganze Holz der Welt verzehren.

Unter einem Pflaster heilt die Wunde leichter.

Die Rache

Ein Kleinhändler schrieb an einen Großhändler folgenden Brief:

Sehr geehrter Herr!
Vor vier Wochen habe ich bei Ihnen eine Kiste Kernseife bestellt. Noch immer ist sie nicht eingetroffen. Mein Vorrat ist bereits verbraucht, und ich erleide durch Ihr Versäumnis erhebliche Verluste. Aber wir Kleinen müssen uns eben damit abfinden, daß Ihr Großen uns behandelt wie den letzten Dreck.
Und so ging der Brief weiter über mehrere Seiten. Dann, nach der Unterschrift, folgte noch ein kleiner Nachsatz:

P.S. Ich habe die Kiste inzwischen gefunden.

Das Schneiderlein

Weißt du, wie sich der tapfere Kleine dem Angriff des wütenden Einhorns entzog?
Er trat etwas zur Seite.

Schuld

Schuld ist für die Seele,
was Schmerz für unseren Körper ist.

In der Seele liefert der Schatten
die Energie für das Licht.

Ohne Schuld keine Verwandlung.

Oft bewacht die größten Schätze ein Drache.

Alles Große ist in eine Unvollkommenheit
verpackt.

Gier heißt: haben wollen, aber nicht nehmen.

Demut ist Nehmen mit Liebe.

Gnade geht vorbei.

Konflikte mit friedlichen Mitteln lösen
kann am besten der Stärkste.

Nur wer den Wein auch trinkt,
weiß um die Wirkung.

Im Trieb offenbart sich das Tragende der Welt.

Es gibt zwei Gruppen von Sündern:
Die sogenannten Bösen und die,
welche ihnen Böses wollen.
Die zweite Sorte nennt man Gerechte.

Der Bann

Es gibt Geschichten, die einschüchtern und betören, damit wir nicht wagen wahrzunehmen, was in Wirklichkeit geschieht. Kindern ergeht es so, wenn man vom Klapperstorch erzählt, und jenen mag es so ergangen sein, die am Tor zum Todeslager lasen: „Arbeit macht frei!"

Doch manchmal kommt dann einer, der den Mut hat, hinzuschauen und den Bann zu brechen. Wie etwa jenes Kind, das in der außer sich geratenen Menge auf den umjubelten Diktator zeigt und laut vor allen sagt, was alle wissen, doch keiner sich zuzugeben traut: „Der ist ja nackt!"

Oder auch wie jener Spielmann, der sich an den Rand der Straße stellt, auf der ein Rattenfänger mit seiner Kinderschar vorbeiziehen muß. Er spielt ihm eine Gegenmelodie, die einige aus dem Gleichschritt bringt.

Der Wunsch

Eine ältere Frau hatte große Angst vor Einbrechern. Jeden Abend schaute sie unter das Bett und in den Schrank, ob sich dort vielleicht ein Einbrecher versteckt hielt.

Als sie nach Jahren wirklich unter ihrem Bett einen Einbrecher fand — sagte sie: „Endlich!"

Das Gewissen

Für das Gewissen wiegt die Treue schwerer
als die Wahrheit.

Was das Gewissen sagt, ist eine Deutung.

Ohne Einsicht ist das Gewissen blind.

Einsicht überwindet die Furcht vor der Schuld.

Oft gelingt das Gute nur durch eine Übertretung.

Das Gute, das aus Einsicht kommt,
löst, wo das Gewissen bindet –
und bindet, wo uns das Gewissen löst.

Gerechtigkeit heißt oft:
der Rache weniger muß das Glück der vielen
weichen.

Das Gewissen sät Zwietracht.

Das Gewissen ist nicht gut; es muß es werden.

Das Gewissen ist hart; Milde übertritt.

Erst wer an die Grenze kommt,
kann und darf sie überschreiten:
sonst ist es, wie wenn Kinder Hochzeit spielen.

Die Freiheit

Frage: „Was soll ich tun? Meine Eltern mischen sich noch immer in alles ein."
Antwort: „Deine Eltern dürfen sich einmischen, und du darfst tun, was du für richtig hältst".

Die Erinnerung

Es gibt Geschichten, die sind Zäune. Sie engen ein und sperren aus. Wenn wir uns fügen, bieten sie uns Sicherheit, und wenn wir weiter wollen, stehen sie im Wege.
Geschichten dieser Art erzählen wir uns manchmal selber und nennen sie Erinnerungen. Erinnerung wird dann zur Fessel, und unser Spielraum bleibt begrenzt.

Das Wagnis

Einer, der in alter Zeit in jenem Palast gefangen saß, in dem sich nach der Sage auch das Labyrinth befand, schlich oft an jenem dunklen Tor vorbei, von dem es hieß, es führe ins Verderben.
Schon viele, hörte er, hätten mit Gewalt das Tor durchbrochen, doch keiner sei zurückgekehrt, und um so größer wurde unter den Zurückgebliebenen die Angst.
Doch der Gefangene schaute sich das Tor genauer an. Dann, eines Nachts, als alle Wachen schliefen, brach er entschlossen durch das dunkle Tor – und stand im Freien.

Unschuld

Weiß zieht Flecken an.

Die meisten Engel sind gefallen.

Nach dem Sündenfall ist die Unschuld schwer.

Unschuld ist der Gegensatz von ausgedachtem
Möglichen zu dem, was ist.

Reinigung ist auch Abschied von der Unschuld.

Ein bißchen Sünde hilft der Tugend.

Gut ist, was sich aus der lebendigen Bewegung
als der nächste Schritt ergibt.

Manche essen Schnitzel,
weil andere für sie die Schweine schlachten.

Etwas ist nicht deshalb schlecht,
weil ich es begehre.

Zu seiner Läuterung muß jeder selber glühen.

Was man vergeben hat,
kommt in den eigenen Rucksack.

Versöhnung heißt:
ich lasse dich in Frieden.

Der Ausgleich

Jemand steht am Morgen auf, und ihm ist schwer ums Herz, da er doch weiß: heute kommen seine Gläubiger – er muß sich ihnen stellen.

Er sieht, ihm bleibt noch etwas Zeit. So geht er zum Regal, holt sich den ersten Akt und schaut in die Papiere.

Dort findet er die Rechnungen, die er noch bezahlen muß. Doch er sieht auch solche, deren Forderungen überzogen sind, einige davon für Leistungen, die nur versprochen, aber nie erbracht, und für Waren, die bestellt, doch nie geliefert worden waren. Er bedenkt, was hier gemäß und rechtens ist, und beschließt, sich gegen jede falsche Forderung zu wehren. Dann schließt er diesen Akt und holt den zweiten.

Dort findet er Verzeichnisse von Leistungen, wegen denen er vor allem in schwerer Schuld zu stehen glaubte. Doch am Ende dieser langen Listen stehen Bemerkungen wie: „gratis", „schon bezahlt" oder „gerne gegeben", sowie „auf Rechnung des Hauses" und „Geber unbekannt". Bilder steigen in ihm auf von Menschen, die ihm lieb und teuer waren. Und sein Herz wird weit und warm. Dann schließt er auch den zweiten Akt und holt den dritten.

Hier findet er nur Angebote, die er sich kommen ließ, um, was schon lange fällig war, endlich zu erwerben. Doch am Schluß der Angebote steht: „nur auf Voraus-

kasse". Er weiß, hier brauchte er noch Zeit um nach-
zuprüfen, wie verläßlich diese Angebote waren. So
schließt er auch den dritten Akt und stellt ihn ins Regal.

Dann kommen seine Gläubiger, und als sie Platz genommen haben, erfüllen sie den Raum mit ihrer Ge-
genwart. Doch keiner spricht ein Wort.
Als er sie alle vor sich sieht, wird ihm seltsam leicht, als
wenn auf einmal überschaubar war, was so verwirrend
schien, und er fühlt die Kraft, daß er sich ihnen stellen
kann und will.
Wie er so wartet, fügt sich das Bild vor ihm zu einer
Ordnung. Er ist sich sicher, welcher Gläubiger als erster
an die Reihe kommt und wer der nächste ist. Er teilt
sein Bild den Gläubigern mit, dankt ihnen, daß sie
gekommen und sichert zu, daß er zur rechten Zeit sich
auch den anderen stellen werde. Sie stimmen zu und
gehen, und nur der eine Gläubiger bleibt, dem er sich
jetzt stellen wird.

Die beiden setzen sich einander aus. Sie wissen, es geht
nicht mehr ums Feilschen, nur noch um den Vollzug.
Da beide ernsthaft sind, werden sie sich einig. Doch als
der Gläubiger geht, dreht er sich nochmals um und sagt:
„Ein bißchen gebe ich dir noch Aufschub".

Mann und Frau

Liebe

Achtung vor dem anderen Geschlecht heißt:
es sich vom anderen schenken lassen,
doch sein Geheimnis bewahren.

Das Geschlecht des anderen:
statt es haben zu wollen – ehren.

Neugierde zerstört die Intimität.

Im Würdigen des anderen erhalte ich mich selbst.

Das Aufgeben des Ich ist auch
das Aufgeben der Furcht um das Du.

Der Wissende meidet, ewige Liebe zu schwören:
er weiß um Abschied und Ende
und liebt lieber drauf zu.

Tristan und Isolde: tiefstes Ja und tiefstes Nein.

Ich schenke dir auch den Verzicht auf dich
– mit Liebe.

Freiheit ist Teil eines Bezugs.

Auch wenn es nicht bleibt,
es ist schön, daß es war.

Ordnung

Die Bindung gehört zur Freiheit
wie die Grenze zur Fülle.

Ohne Bindung keine Freiheit –
denn auf was sollte sie sich beziehen?

Ordnung ist die Anerkennung der Grenzen.

Mancher sucht die große Freiheit:
doch statt auf einer grünen Wiese
landet er im Zoo.

Ein Fisch kann aus dem Wasser springen:
doch was hilft es ihm,
wenn er an der frischen Luft erstickt.

Wer sich begnügt,
hat mehr von dem,
was er schon hat.

Das Glück auf Kosten anderer
währt in der Regel kurz.

Was man festhält, flieht.

Wenn der Platzhirsch weicht,
bleiben die Kühe.

Auch wenn du gehst,
die Liebe bleibt.

Der Hase und der Igel

„Kennst du das Märchen vom Hasen und Igel?"
„Ja, der Hase wollte um die Wette laufen und hat sich
dabei so verausgabt, daß er starb."
„Weißt du auch wieso? – Er konnte zwischen Mann
und Frau nicht unterscheiden."

Dornröschen

Dornröschen stach sich an der Spindel, ließ sie fallen
und fiel in einen tiefen Schlaf. Dann nahm die Amme
die Spindel, stach Dornröschen noch einmal, und es
wachte wieder auf. Die Amme sagte ihm: „Du mußt
die Spindel nehmen und dich noch ein drittes Mal ste-
chen. Dornröschen tat, wie ihm geheißen.
Da wurden seine Wangen rot, und über den Dornen,
die um das Schloß herum wuchsen, blühten Rosen.

Der Wolf und die sieben Geißlein

Die Geißenmutter sagte zu ihren Kindern:„Hütet euch
vor dem bösen Wolf!"
Im Klartext: „Hütet euch vor dem bösen Vater!"
Der Wolf entpuppt sich also als der Ziegenbock, dem
nach der Trennung von der Geiß der Zutritt zu den
Kindern verwehrt wird.
Die Lösung: die älteren Geißlein kommen zum Vater,
das jüngste bleibt bei der Mutter.

Der Prinz

„Weißt du, wie man aus einem Frosch einen Prinzen
macht? – Nicht wie im Märchen natürlich!"
„Das kann ich im Moment nicht sagen."
„Ich kann es: – Man küßt ihn."

Der Mut

Du kennst doch das Märchen von einem, der auszog,
das Fürchten zu lernen?
Weißt du auch, wo er das gelernt hat? – Im Bett bei der
Frau.

Helfen und Heilen

Vorsicht

Manchen geht es mit der Psychotherapie
wie mit dem Stein des Sisyphus:
wenn er endlich oben ist, bleibt er liegen.

Die Vermeidung bringt es.

Ambivalenz heißt: weder – noch.

Vorahnung heißt: geheime Absicht.

Auch das Stehenbleiben ist Veränderung.

Viele Jung-Gebliebene sind Stehen-Gebliebene.

Oft verschwendet die Zeit das Wesen
wie die Suche nach Wissen die Wahrheit.

Gnade geht vorbei.

Die Frage ist: hilft es oder hält es das Helfende
auf. (*„Bärendienst"*)

Der Rebell weigert sich, ebenbürtig zu sein.

Der rechte Platz wird nicht geschenkt:
er wird genommen.

Manchmal schützt die Melancholie
das heimliche Glück.

Der Tränensee ist klein.

Vertrauen

Der Therapeut setzt vielleicht ein neues Segel,
doch es bläst der gleiche Wind.

Um den Teufel auszutreiben,
malt man ihn erst an die Wand.

Wie könnte verrinnen, was reift.

Eltern haben keine Schattenseiten.

Liebe ist Zustimmung zu dem, was wächst.

Das heilende Bild wird gefunden,
nicht entwickelt.

Das spezifische seelische Gewicht
ist gleich der Summe des Gewagten.

Mitleid braucht den Mut,
sich dem ganzen Leid zu stellen.

Du brauchst, damit es Frieden wird,
von einem Sünder seinen Segen.

Wenn du es nicht lösen kannst,
mache Platz für den Chef.

Ich nehme meine Pusteblume und puste,
und nach einem Jahr blüht auf mancher Wiese
eine schöne Blume mehr.

Die Dauer

Eine Angestellte sagte zu ihrem Chef: „Mir geht es schlecht. Ich habe eine Psychotherapie begonnen, und der Therapeut hat mir gesagt, die Psychotherapie brauche fünf Jahre".

Darauf der Chef: „Er hat gesagt, erst in fünf Jahren kann es Ihnen besser gehen. Kein Wunder, wenn es Ihnen schlecht geht."

Die Wärme

Im Frühling kommen Kinder in den Wald und finden einen Schneemann. Doch weil die Sonne scheint, verzieht er heulend sein Gesicht. Sie streicheln ihn, weil sie ihm helfen wollen, doch unter ihren warmen Händen schwindet seine Größe um so mehr.

Als sie später wieder nach ihm suchen, finden sie, dort wo er stand, zarte Frühlingsblumen.

Die Hilfe

Jemand tritt aus seinem Haus, zwängt sich durch eine Menschenmenge auf den Markt und weiter durch die enge Gasse, erreicht die Ausfallstraße und die Kreuzung.

Plötzlich kreischen Bremsen, ein Bus gerät ins Schleudern, Menschen schreien: dann hört er den Zusammenprall.

Er weiß nicht mehr, wie ihm geschieht: er flieht, so schnell ihn seine Füße tragen, zurück die Ausfallstraße, die enge Gasse und den dichtgedrängten Markt, erreicht sein Haus, stürmt durch die Außentür und schließt sie hinter sich, stürzt die Treppen hoch zu seiner Wohnung, schließt die Türe hinter sich, läuft einen Gang entlang bis in die letzte kahle Kammer, schließt ihre Türe hinter sich — und atmet auf.

Da steht er nun: entronnen, eingeschlossen und allein. So sehr sitzt ihm der Schock noch in den Gliedern, daß er sich nicht zu rühren wagt. Dann wartet er.

Am nächsten Morgen vermißt ihn seine Freundin. Sie geht ans Telefon, versucht ihn anzurufen, doch niemand meldet sich. Sie eilt zu seinem Haus, läutet an der Außentür, doch niemand reagiert. Sie geht zur Polizei, erbittet Unterstützung, kommt zurück mit zwei Beamten. Sie öffnen erst die Außentür, stürzen die Treppen hoch zur Wohnungstür, öffnen sie, laufen den Gang entlang bis vor die letzte Kammer, klopfen, warten eine Weile, öffnen auch die Kammertür und finden, ganz erstarrt, den Mann.

Die Freundin dankt den beiden Helfern und bittet sie zu gehen. Sie wartet eine Weile, merkt, daß sie noch nichts machen kann, verspricht, daß sie am nächsten Morgen wiederkommt, und geht.

Am nächsten Morgen findet sie die Außentüre offen, doch die Wohnung noch verschlossen. Sie öffnet sie, geht weiter bis zur letzten Kammer, öffnet sie und findet ihren Freund. Da er nichts sagt, erzählt sie ihm, was sie erlebt hat, als sie zu ihm kam: wie Sonne durch die Wolken schien, Vögel in den Zweigen zwitscherten, Kinder Fangen spielten und die Stadt in ihrem Rhythmus dröhnte. Sie merkt, daß sie auch diesmal noch nichts machen kann, verspricht, daß sie am nächsten Morgen wiederkommt, und geht.

Am nächsten Morgen findet sie sowohl die Außentüre wie die Wohnungstüre offen, geht weiter bis zur letzten Kammer, öffnet sie und findet ihren Freund noch immer starr. Sie wartet eine Weile und erzählt, wie sie am Abend noch im Zirkus war, vom bunten Treiben, das dort herrschte, von der flotten Marschmusik, der lauten Stimmung, der Spannung, als die Löwen kamen, und der Erleichterung, als alles gut gegangen war; auch von den Späßen eines Clowns, den edlen weißbebuschten Pferden, dem fröhlichen Gedränge. Dann, als sie fertig ist, verspricht sie: „Morgen komm ich wieder."

Am nächsten Morgen steht sogar die Kammertüre offen. Doch niemand kommt.

Nun hält es den verschreckten Mann nicht länger in dem Haus. Er schließt die Kammertüre hinter sich, dann auch die Wohnungstür, tritt durch die Außentür ins Freie, zwängt sich durch die Menschenmenge auf den Markt und weiter durch die enge Gasse, erreicht die Ausfallstraße, überquert die Kreuzung – und sucht entschlossen seine Freundin.

Leben und Tod

Ende

Der Sieg des Lebens über den Tod
führt zur Verödung der Erde.

Was dem Nachruhm dient,
will gegen das Schicksal beharren.

Unsterblich ist, was war.

Wenn das neue Blatt kommt, fällt das alte.

Wahrheit will den Augenblick verlängern.

Begehren und Angriff:
beide sind Abwehr von Tod.

Der Hase traut seinem Gefühl und frißt,
weil er nichts vom Jäger weiß, der auf ihn zielt.

Wenn man auf das Ende schaut,
kommt es schneller.

Zwei Todgeweihte stehen auf ihren Gräbern
und bekriegen sich mit Todesmut:
dem Sieger winkt ein Doppelgrab.

Mit den Freuden des Lebens macht man es,
wie mit einem Stückchen Zucker:
man genießt es und läßt es vergehen.

Erfüllung

Im Keim wirkt schon das Ganze,
ohne es bereits zu sein.

Das Erreichte wird im Lassen wirksam.

Man hat das Alte, indem man weitergeht.

Im Schwinden werden wir voll.

Die kleinere Kraft dauert länger.

Jetzt ist immer,
und alles fließt jetzt.

Die Erde baut sich auf aus dem, was war.

Weisheit ist alt.

Frieden heißt: es darf gewesen sein;
Abschied heißt: es war.

Das Alter trägt sich wie eine Krone.

Wer ihm folgt, den führt der Tod,
wer ihn flieht, den holt er ein.

Tote haben Zeit.

Was voll ist, war.

Der Sinn

Wenn in Afrika zwei Zulus sich begegnen, sagt der eine: „Ich habe dich gesehen. Bist du noch am Leben?"
„Ja," gibt der andere zur Antwort, „ich bin noch da. Und du?"
„Auch ich bin noch am Leben."

Wenn ein Fremder einen Zulu, der scheinbar nichts tut, fragt: „Hast du denn keine Langeweile?" antwortet er: „Ich lebe doch!" Denn ihm fehlt nichts, was seinem Leben zusätzlich Inhalt geben müßte oder Sinn.

Die gleiche Haltung finden wir bei einem der Getreuen Konradins, des letzten Staufers, der als Gefangener auf einer Burg mit einem Freund beim Schachspiel saß, als ihm ein Bote Nachricht brachte: „In einer Stunde wirst du hingerichtet." Er sagte: „Spielen wir weiter!"

Schlußspruch

Das Gleiche

Der Hauch weht und flüstert,
der Sturm fegt und braust.
doch es ist der gleiche Wind,
das gleiche Lied.

Das gleiche Wasser
tränkt uns und ertränkt,
trägt und begräbt.

Was lebt, verbraucht,
erhält sich und vernichtet,
beim einen wie beim anderen
getrieben von der gleichen Kraft.

Sie zählt.

Wem dienen dann die Unterschiede?

Sätze der Kraft

Vorbetrachtung

Ordnung und Liebe

Die Liebe füllt, was die Ordnung umschließt.
Sie ist das Wasser, die Ordnung der Krug.

Die Ordnung sammelt,
die Liebe fließt.

Ordnung und Liebe wirken zusammen.

Wie sich ein klingend Lied den Harmonien fügt,
so fügt die Liebe sich der Ordnung.

Und wie das Ohr sich schwer gewöhnt
an Dissonanzen, auch wenn man sie erklärt,
so gewöhnt sich unsere Seele schwer
an Liebe ohne Ordnung.

Mit dieser Ordnung gehen manche um,
als wäre sie nur eine Meinung,
die man beliebig haben oder ändern kann.

Doch sie ist uns vorgegeben.
Sie wirkt, auch ohne daß wir sie verstehen.
Sie wird nicht gedacht, sie wird gefunden.
Wir erschließen sie, wie Sinn und Seele,
aus der Wirkung.

Dank am Morgen des Lebens

Liebe Mama/ liebe Mutti,

ich nehme es von dir,
alles, das Ganze,
mit allem Drum und Dran,
und zum vollen Preis, den es dich gekostet
hat
und den es mich kostet.

Ich mache was daraus, dir zur Freude
(und zum Andenken).
Es soll nicht umsonst gewesen sein.

Ich halte es fest und in Ehren,
und wenn ich darf, gebe ich es weiter so wie
du.

Ich nehme dich als meine Mutter,
und du darfst mich haben als dein Kind.

Du bist für mich die Richtige,
und ich bin dein richtiges Kind.

Du bist die Große, ich der (die) Kleine.
Du gibst, ich nehme – liebe Mama.

Ich freue mich, daß du den Papa genommen
hast. Ihr seid die Richtigen für mich.
Nur ihr!

Lieber Papa/ lieber Vati,

ich nehme es auch von dir,
alles, das Ganze,
mit allem Drum und Dran,
und zum vollen Preis, den es dich gekostet
hat
und den es mich kostet.

Ich mache was daraus, dir zur Freude
(und zum Andenken).
Es soll nicht umsonst gewesen sein.

Ich halte es fest und in Ehren,
und wenn ich darf, gebe ich es weiter so wie
du.

Ich nehme dich als meinen Vater,
und du darfst mich haben als dein Kind.

Du bist für mich der Richtige,
und ich bin dein richtiges Kind.

Du bist der Große, ich der (die) Kleine.
Du gibst, ich nehme – lieber Papa.

Ich freue mich, daß du die Mama genommen
hast. Ihr seid die Richtigen für mich.
Nur ihr!

Ehren und Lieben

Mann und Frau

Mann und Frau zueinander:
Ich nehme dich als meine Frau/als meinen
Mann/ mit allem, was zu dir gehört.

Die Eltern zueinander:
In unseren Kindern achte und liebe ich dich.

*Eltern eines behinderten oder ums Leben gekommenen
Kindes zueinander:*
Wir tragen es gemeinsam – mit Liebe.

Mann zur Frau, die an der Geburt eines Kindes starb:
Meine Liebe zu dir bleibt,
und im Andenken an dich sorge ich gut
für unser gemeinsames Kind.

Mann, lebensbedrohlich krank, zur Frau:
Ich vertraue dir unsere Kinder an – mit
Liebe.

Zweite Frau zur geschiedenen ersten:
Du bist die Erste, ich bin die Zweite.

Zweite Frau zur verstorbenen ersten:
Ich nehme mich deiner Kinder an – mit
Achtung vor dir.

Eltern und Kinder

Vater, lebensbedrohlich krank, zu seinen Kindern:
Ich vertraue euch eurer Mutter an – mit
Liebe.

Mutter, deren Mann früh verstarb, zu ihren Kindern:
In euch liebe und achte ich auch euren Vater.
In mir ist er für euch noch da.

*Geschiedene Frau zu ihren Kindern, als sie sieht, daß
sie ihren Vater hassen:*
Ich habe euren Vater sehr geliebt, und wenn
ihr so werdet wie er, stimme ich zu.

*Frau, die lieber einen anderen Mann geheiratet hätte,
zu ihren Kindern:*
Für euch ist der Papa der Beste.

Mutter und Vater zu einem abgetriebenen Kind:
Mein liebes Kind.
Ich nehme dich jetzt als mein Kind,
und du darfst mich haben als deine Mutter /
als deinen Vater.
Und:
Es tut mir leid.
Ich gebe dir jetzt einen Platz in meinem Her-
zen,
und du sollst Anteil haben an dem Guten, das
ich im Andenken an dich und mit dir vor
Augen vollbringe.

Kinder und Eltern

Kind zu Vater und Mutter, indem es sich tief vor ihnen verneigt:
Ich gebe dir – ich gebe euch – die Ehre.

Sohn zur Mutter, die bei seiner Geburt starb:
Liebe Mutter, bitte segne mich.

Sohn, der seinem Vater, der wegen seiner Überzeugung im Gefängnis starb, nachfolgen will:
Ich lasse dich nicht, du segnest mich denn.

Sohn zum Vater, der im Krieg schuldig wurde:
Papa, ich lasse dich gehen, was immer dein Schicksal ist und deine Schuld.

Lebensbedrohlich kranker Sohn zum Vater, wenn ihm die Verneigung vor ihm noch nicht gelingt:
Bitte, gib mir noch etwas Zeit.

Kind zum Vater, der sich umgebracht hat:
Ich verneige mich vor deiner Entscheidung und vor deinem Schicksal.
Du bleibst immer mein Vater,
und ich bleibe immer dein Kind.

Sohn eines alkoholsüchtigen Vaters zur Mutter:
Mama, ich mute dir zu, daß ich meinen Vater genauso achte wie dich.

*Tochter zum Vater, wenn sie für ihn eine frühere Frau
vertritt (dabei zeigt sie auf die Mutter):*
Sie ist meine Mutter, und ich bin ihre Tochter. Nur sie ist die Richtige für mich.
Mit der anderen habe ich nichts zu tun.

Diese Tochter zu ihrer Mutter:
Du bist meine Mutter, und ich bin deine Toch-
ter. Du bist die Richtige für mich.
Mit Papas anderer Frau habe ich nichts zu tun.

*Sohn zur Mutter, wenn er für sie einen früheren Mann
vertritt (dabei zeigt er auf den Vater):*
Er ist mein Vater, und ich bin sein Sohn.
Nur er ist der Richtige für mich.
Mit dem anderen habe ich nichts zu tun.

Dieser Sohn zu seinem Vater:
Du bist mein Vater, und ich bin dein Sohn.
Nur du bist der Richtige für mich.
Mit Mamas anderem Mann habe ich nichts
zu tun.

*Sohn zur Mutter, wenn sie abfällig über seinen Vater
spricht:*
Wenn du ihn siehst, siehst du mich.

*Tochter zur Mutter, wenn sie fürchtet, so zu werden
wie sie:*
Schau, ich bin wie du, und ich bin es gerne.

Geschwister

Frau zu ihrer großen Schwester, die für sie als Kind gesorgt hat:
Ich weiß, was du mir gegeben hast.
Ich achte es, und es begleitet mich.

Schwester zum Bruder, als sie sich sorgt, er sei für seinen Sohn kein guter Vater:
Für ihn bist du der Beste.

Mann zum früh verstorbenen älteren Bruder:
Ich achte dich als meinen großen Bruder.
Du bist der Erste, und ich bin der Zweite.

Uneheliches Kind zu seinen jüngeren Geschwistern, vor denen es verheimlicht worden war:
Ich bin eure Schwester / euer Bruder.

Frau zum älteren Bruder, für dessen Schuld sie sühnt:
Ich bin die Kleine, und ich bleibe die Kleine.

Bruder zur geistig behinderten Schwester:
Ich achte dein Schicksal
und ich bleibe bei meinem.

Geben und Nehmen

Mutter zum Sohn, bei dessen Geburt sie erkrankte:
Ich habe dir das Leben gerne gegeben, auch
zu diesem Preis. Du darfst es behalten, mir
zur Freude.

*Kind zu seinen Eltern, die wegen ihm geheiratet haben
und unglücklich sind:*
Was immer auch der Vorwurf ist oder die
Schuld zwischen euch:
Ich nehme es von euch mit Liebe.

*Kind zur Mutter, die bei seiner Geburt einen Schaden
erlitt:*
Liebe Mama, wenn du schon einen so hohen
Preis für mein Leben bezahlt hast, dann soll
es nicht umsonst gewesen sein.

Frau zur Mutter, die bei der Geburt starb:
Mama, liebe Mama, es ist so schlimm.

Und indem sie auf ihre Familie zeigt:
Schau, es ist gut weitergegangen.
Ich gebe weiter, was du mir geschenkt hast.

Kind, das von seiner Mutter weggegeben wurde:
Mama, wenn es dich entlastet, trage ich es
gerne.

Weggegebenes Kind zur Mutter, als es sie wiedersieht:
Ich freue mich, daß du mich geboren hast.

Bleiben

Kind zu seinen Eltern, wenn es sieht, daß einer von ihnen gehen oder sterben will:
Lieber Vater, liebe Mutter,
auch wenn du gehst, ich bleibe.
Ich halte dich in Ehren.
Du bleibst für immer mein Vater.
Du bleibst für immer meine Mutter.

Kind zu jemandem aus der Familie, wenn es ihm sagen will „Lieber sterbe ich als du":
Lieber Vater, (liebe Mutter, lieber Bruder,
liebe Schwester) auch wenn du gehst,
ich bleibe.
Und:
Lieber Vater, (liebe Mutter) segne mich,
auch wenn du gehst und ich noch bleibe.

Kind zu Verstorbenen aus der Familie, wenn es sich nicht traut zu leben, weil diese schon tot sind:
Lieber Vater, (liebe Mutter, lieber Bruder, liebe Schwester) du bist tot.
Ich lebe noch ein bißchen,
dann sterbe ich auch.
Oder:
Ich fülle es aus, was mir geschenkt ist,
solange es dauert:
dann sterbe ich auch.

Mutter, die sterben wollte, zu ihrer kleinen Tochter, die daraufhin schwer erkrankte:
Ich bleibe – und ich freue mich, wenn auch du bleibst.

Frau zur Urgroßmutter, die im Kindbett starb:
Bitte sei freundlich, wenn ich bleibe
bei meinem Mann und meinem Kind.

Magersüchtige Tochter zum Vater, der gehen will:
Lieber Papa, auch wenn du gehst, – ich bleibe.
Ich bleibe bei der Mama.
Und zur Mutter:
Mama, auch wenn der Papa geht, ich bleibe.

Magersüchtige Tochter zu verstorbenen Geschwistern des Vaters, als sie sieht, daß er ihnen nachfolgen will:
Bitte, segnet meinen Vater, wenn er bei uns bleibt, und segnet mich, wenn ich bei meinem Vater bleibe.

Bulimisches Mädchen, wenn Essen Leben-Wollen und Erbrechen Sterben-Wollen bedeutet, zum Vater:
Papa, ich bleibe. Bei dir schmeckt's mir.
Von dir nehme ich es gerne.

Spielsüchtiger Mann zum Großvater und Vater, denen er nachfolgen will in den Tod:
Lieber verspiele ich mein Geld als mein Leben.

Lösen

Vater zum Sohn, der ihn verachtet:
Höre mein Sohn: Ich bin dein Vater, und du
bist mein Sohn.

*Vater, schwer kriegsbeschädigt, zur Tochter, die sein
Leiden auf sich nehmen will:*
Ich trage es allein.
Von mir aus bist du frei.

Kind zu Eltern, die an ihm schuldig wurden:
Es war schlimm. Dennoch mache ich etwas
aus meinem Leben.

Mann zu einer Frau, die als Kind mißbraucht wurde:
Gestatte dir die Liebe, dann bist du frei.

*Wenn man etwas falsch gemacht hat und darunter
leidet:*
Ich habe es falsch gemacht
und jetzt nehme ich die Folgen auf mich.

Tochter zur Mutter, die ihr sagt, sie sei eine Hure:
Mama, ich bin es ein bißchen.

*Frau, die sofort widersprechen will, wenn man ihr
etwas Ungerechtes sagt:*
Etwas ist dran.

Abschied und Frieden

Kind zu den Eltern, wenn es erwachsen ist und geht:
Ich nehme, was ihr mir geschenkt habt.
Es ist sehr viel, und es reicht.
Den Rest mache ich selbst.
Und jetzt lasse ich euch in Frieden.

Mann und Frau zueinander, bei einer Trennung:
Ich nehme, was du mir geschenkt hast.
Es ist sehr viel.
Ich nehme es mit und halte es in Ehren.
Und für das, was zwischen uns schiefgelaufen
ist, übernehme ich meinen Teil der Verant-
wortung und lasse dir deinen.
Und jetzt lasse ich dich in Frieden.

Eltern zu einem verstorbenen Kind:
Wir haben dir gerne das Leben gegeben
und für dich gerne alles getan.
Wir lassen dich jetzt gehen und in Frieden.
Doch du bleibst für immer unser Kind
und wir deine Eltern.

Vater zum Sohn, der sich umgebracht hat:
Ich bewahre dir einen Platz in meinem
Herzen.
Du bleibst für immer mein Sohn
und ich dein Vater.

Kind zum Vater, der sich umgebracht hat:
Ich achte dein Schicksal und deine Entscheidung.
Du sollst wissen, daß es gut weitergegangen ist.
Und jetzt darfst du deinen Frieden haben.

Tochter zum Vater, den sie nach Selbstmord tot auffand:
Lieber Vati, in mir lebst du noch weiter und in mir soll es dir gutgehen.
Ich lasse dich teilhaben an dem, was ich tue.

Mutter zum Sohn, der bei einem Unfall starb und um den sie noch trauert:
Ich achte dein Leben und deinen Tod.

Tochter zum Vater, der fiel, als sie noch klein war:
Lieber Vater, in mir bist du noch da.

Nachbetrachtung

Ordnung und Fülle

Ordnung ist die Art und Weise,
wie Unterschiedliches zusammenwirkt.
Ihr eignen daher Vielfalt und Fülle.

Sie steht im Austausch, eint das Verstreute,
und sammelt es in den Vollzug.
Ihr eignet daher Bewegung.

Sie bannt Vergängliches in eine Form,
die Fortbestand verheißt.
Ihr eignet daher Dauer.

Doch wie ein Baum, bevor er fällt,
aus sich die Frucht entläßt, die ihn überdauert,
geht auch die Ordnung mit der Zeit.
Ihr eignen daher Erneuerung und Wandel.

Ordnungen, die leben,
schwingen und entfalten sich.
Sie treiben uns und nehmen uns in Zucht
durch Sehnsucht und durch Furcht.
Indem sie Grenzen setzen, geben sie auch Raum.

Sie liegen jenseits dessen, was uns trennt.

Schlußgeschichte

Das Verdichtete

Ein Gelehrter fragte einen Weisen,
wie sich das Einzelne zu einem Ganzen fügt
und wie das Wissen um das Viele
sich vom Wissen um die Fülle
unterscheide.

Der Weise sagte:
„Das weit Verstreute wird zu einem Ganzen,
wenn es zu einer Mitte findet
und gesammelt wirkt.
Denn erst durch eine Mitte wird das Viele
wesentlich
und wirklich,
und seine Fülle erscheint uns dann als einfach,
fast wie wenig,
wie ruhige Kraft auf nächstes hin,
die unten bleibt
und nahe dem, was trägt.

Um Fülle zu erfahren
oder mitzuteilen,
muß ich daher nicht alles einzeln
wissen,
sagen,
haben,
tun.

Wer in die Stadt gelangen will,
tritt durch ein einziges Tor.
Wer eine Glocke einmal anschlägt,
bringt mit dem einen Ton noch viele andere
zum Klingen.
Und wer den reifen Apfel pflückt,
braucht dessen Ursprung nicht ergründen.
Er hält ihn in der Hand
und ißt."

Der Gelehrte wandte ein, daß wer die Wahrheit
wolle
auch alle Einzelheiten wissen müsse.

Der Weise aber widersprach:
Nur von der alten Wahrheit wisse man sehr viel.
Wahrheit, die weiterführe,
sei gewagt
und neu.
Denn sie verbirgt ihr Ende
wie ein Keim den Baum.
Wer daher noch zu handeln zögert,
weil er mehr wissen will,
als ihm der nächste Schritt erlaubt,
versäumt, was wirkt.
Er nimmt die Münze
für die Ware,
und aus Bäumen
macht er Holz.

Der Gelehrte meinte,
das könne nur ein Teil der Antwort sein
und er bitte ihn
um noch ein bißchen mehr.

Der Weise aber winkte ab,
denn Fülle sei am Anfang wie ein Faß voll Most:
süß und trüb.
Und es braucht Gärung und genügend Zeit,
bis er sich klärt.
Wer dann, statt daß er kostet, trinkt,
beginnt zu schwanken.

Gunthard Weber (Hrsg.)

Zweierlei Glück
Die systemische Psychotherapie
Bert Hellingers

7. Auflage 1995
338 Seiten, Geb., DM 46,–
ISBN 3-927809-19-5
Bestell-Nr. 20

In lebendigem Wechsel von dichten Vorträgen, Transkripten von Therapieverläufen und eindrucksvollen Geschichten bietet dieses Buch eine umfassende Einführung in Hellingers Denk- und Arbeitsweise.

Dabei geht es um grundsätzliche Fragen des Menschseins und des Zusammenlebens in der Familie: wie das Dazugehörendürfen und Ausgeklammertsein, das Nehmen der Eltern, die Ebenbürtigkeit in Paarbeziehungen, die Zustimmung zum eigenen Schicksal.

Hellingers Einsichten und Vorgehensweisen machen unmittelbar betroffen und setzen Kräfte frei, wie sie in dieser Intensität selten in der Psychotherapie erfahrbar werden.

Seine Erkenntnisse über generationsübergreifende Verstrickungen eröffnen neue Dimensionen der Therapie von tragischen Familienschicksalen. Seine Lösungen durch Familienaufstellungen sind bewegend, verblüffend einfach und wirksam.

Carl-Auer-Systeme Verlag • Kussmaulstr. 10 • 69120 Heidelberg
Tel. 06221-406412 Fax 06221-406422

Bert Hellinger

Ordnungen der Liebe
Ein Kursbuch

2. Auflage 1995
554 Seiten, Geb., DM 58,–
ISBN 3-927809-31-4
Bestell-Nr. 30

Dieses Buch berichtet von Schicksalen und davon, was schlimme Schicksale zum Besseren wendet. Es ist ein Kursbuch in mehrfachem Sinn:

Zum einen werden ausgewählte therapeutische Kurse Bert Hellingers im Wortlaut wiedergegeben. So kann der Leser dem Kursgeschehen unmittelbar folgen und auch für sich Wege aus Krisen und Heilung bei seelisch bedingten Krankheiten finden.

Zum anderen wird Hellingers therapeutisches Handeln dokumentiert und erläutert, vor allem seine auf das Wesentliche verdichtete Art, Familien zu stellen. Dabei wird deutlich, daß viele Probleme dort entstehen, wo jemand liebt, ohne die Ordnungen der Liebe zu achten, und daß Lösung und Heilung mit der Ordnung der Liebe beginnen.

Man kann dieses Buch lesen wie gebündelte Dramen. Sie sind alle wirklich erlebt und werden von den Tätern und Opfern selbst dargestellt und erzählt.

Carl-Auer-Systeme Verlag • Kussmaulstr. 10 • 69120 Heidelberg
Tel. 06221-406412 Fax 06221-406422

Bert Hellinger

Finden, was wirkt
Therapeutische Briefe

5. erweiterte Neuauflage 1995
191 Seiten
Geb., DM 29.80
ISBN 3-466-30346-X
Bestell-Nr. 392

In 290 therapeutischen Briefen gibt Hellinger Antwort
auf Fragen von Menschen in Not.

Diese Briefe befassen sich mit Themen wie Partner-
schaft in der Krise, Schuld und Verstrickung, Ordnungen des Ausgleich und Ordnungen der Liebe, Sym-
ptome in der Psychotherapie, Spirituelle Wege,
Vergangenheitsbewältigung, Trauer und Abschied.

Hellingers Antwortbriefe beschränken sich auf den
Kern dieser Fragen und sind daher kurz. Sie nehmen
die Schicksale ernst, sind oft entwaffnend und wit-
zig, aber auch tief und entlastend. Sie lesen sich wie
kleine Geschichten, denn jeder enthält verschlüsselt
ein Schicksal.

„Weil hier das Leben in Tiefenschichten erfaßt und
ein Fonds lösender Weisheiten gesammelt wird, sind
die Bücher Hellingers nicht nur Fachliteratur für Fach-
leute, sondern Wegweiser für Lebenseinsicht und
Lebenskunst aller." (Neue Westfälische)

Kösel Verlag • Flüggenstr. 2 • 80639 München
Tel. 089-17801-0 Fax 089-17801-111